Todo el mundo va a la escuela

J. Jean Robertson

Rourke
Educational Media

rourkeeducationalmedia.com

Escanea el código para descubrir títulos relacionados y recursos para los maestros

Actividades para antes y después de leer:

Nivel: H   **Número de palabras: 239**

palabra número 100: *muchas*   página 10

Enfoque de la enseñanza:
Terminaciones: -s. Localiza las palabras «bibliotecas» y «actividades» en el texto. Escribe la palabra y la palabra raíz la una al lado de la otra. ¿Cambia siempre la palabra raíz cuando está en plural; es decir, cuando significa más de una cosa? Practica escribir la forma plural con otras palabras que terminan en a y d.

Antes de leer:

Construcción del vocabulario académico y conocimiento del trasfondo
Antes de leer un libro, es importante que prepare a su hijo o estudiante usando estrategias de prelectura. Esto les ayudará a desarrollar su vocabulario, aumentar su comprensión de lectura y hacer conexiones durante el seguimiento al plan de estudios.
1. Lea el título y mire la portada. *Haga predicciones acerca de lo que tratará este libro.*
2. Haga un «recorrido con imágenes», hablando de los dibujos/fotografías en el libro. Implante el vocabulario mientras hace el recorrido con las imágenes. Asegúrese de hablar de características del texto tales como los encabezados, el índice, el glosario, las palabras en negrita, los subtítulos, los gráficos/diagramas o el índice analítico.
3. Pida a los estudiantes que lean la primera página del texto con usted y luego haga que lean el texto restante.
4. Charla sobre la estrategia: úsela para ayudar a los estudiantes mientras leen.
   - Prepara tu boca
   - Mira la foto
   - Piensa: ¿tiene sentido?
   - Piensa: ¿se ve bien?
   - Piensa: ¿suena bien?
   - Desmenúzalo buscando una parte que conozcas
5. Léalo de nuevo.
6. Después de leer el libro, complete las actividades que aparecen abajo.

Área de contenido Vocabulario
Utilice palabras del glosario en una frase.

autobuses biblioteca
cirílico
ecuador
educados en casa
escuelas privadas
escuelas públicas

Después de leer:

Actividad de comprensión y extensión
Después de leer el libro, trabaje en las siguientes preguntas con su hijo o estudiantes para comprobar su nivel de comprensión de lectura y dominio del contenido.
1. ¿En qué se parecen las escuelas de los países que aparecen en el libro a la tuya? ¿En qué se diferencian? *(Texto para conectar con uno mismo).*
2. ¿Cuáles son algunas formas en que los estudiantes obtienen información? *(Resuma).*
3. ¿Qué tipo de juegos practican tú y tus amigos durante el recreo? *(Texto para conectar con uno mismo).*
4. ¿Por qué es importante tener computadoras en las escuelas? *(Haga preguntas).*

Actividad de extensión
Las escuelas de todo el mundo tienen el mismo objetivo: enseñar a los estudiantes. Pero tienen muchas diferencias y similitudes con tu escuela. Selecciona otro país que no esté en el libro e investiga sobre las escuelas de ese país. ¿Cuánto tiempo dura una jornada escolar? ¿Qué tipos de comidas sirven en el almuerzo? ¿Estudian cosas diferentes que tú? ¿Qué idioma usan? Luego crea un diagrama de Venn para mostrar las similitudes y diferencias entre tu escuela y la que investigaste.

¿En qué se parecen las escuelas?

¿En qué se diferencian?

Los juegos de salto de cuerda son actividades populares en las escuelas de Inglaterra. Allí, los niños entran a la escuela a los cinco años y deben permanecer en ella hasta que tengan 16.

América del Norte
América del Sur
Inglaterra
Europa
África
Asia
Australia

5

América del Norte
América del Sur
Europa
África
Asia
China
Australia

En China, la escuela comienza a las 7:30 a.m. y termina a las 5 p.m. Tienen un descanso de dos horas para almorzar. Las escuelas chinas tienen una computadora por cada dos estudiantes.

Los niños australianos disfrutan jugando balonmano en el recreo. En sus aulas hay una computadora por cada tres estudiantes.

9

En Irán hay muchas escuelas que no tienen bibliotecas. Los **autobuses biblioteca**, con cerca de 3,000 libros cada una, visitan estas escuelas.

Los niños y las niñas aprenden en clases separadas en Irán y otros lugares del Medio Oriente.

Los estudiantes en Brasil tienen vacaciones de verano en diciembre y enero, porque Brasil está al sur del **ecuador**.

13

14

Los estudiantes en Rusia se abrigan con ropas cálidas en invierno. Los rusos usan un alfabeto llamado **cirílico**.

En Kenia, muchas personas pasan hambre. Algunos estudiantes guardan el almuerzo que reciben en la escuela para dárselo a sus familias.

17

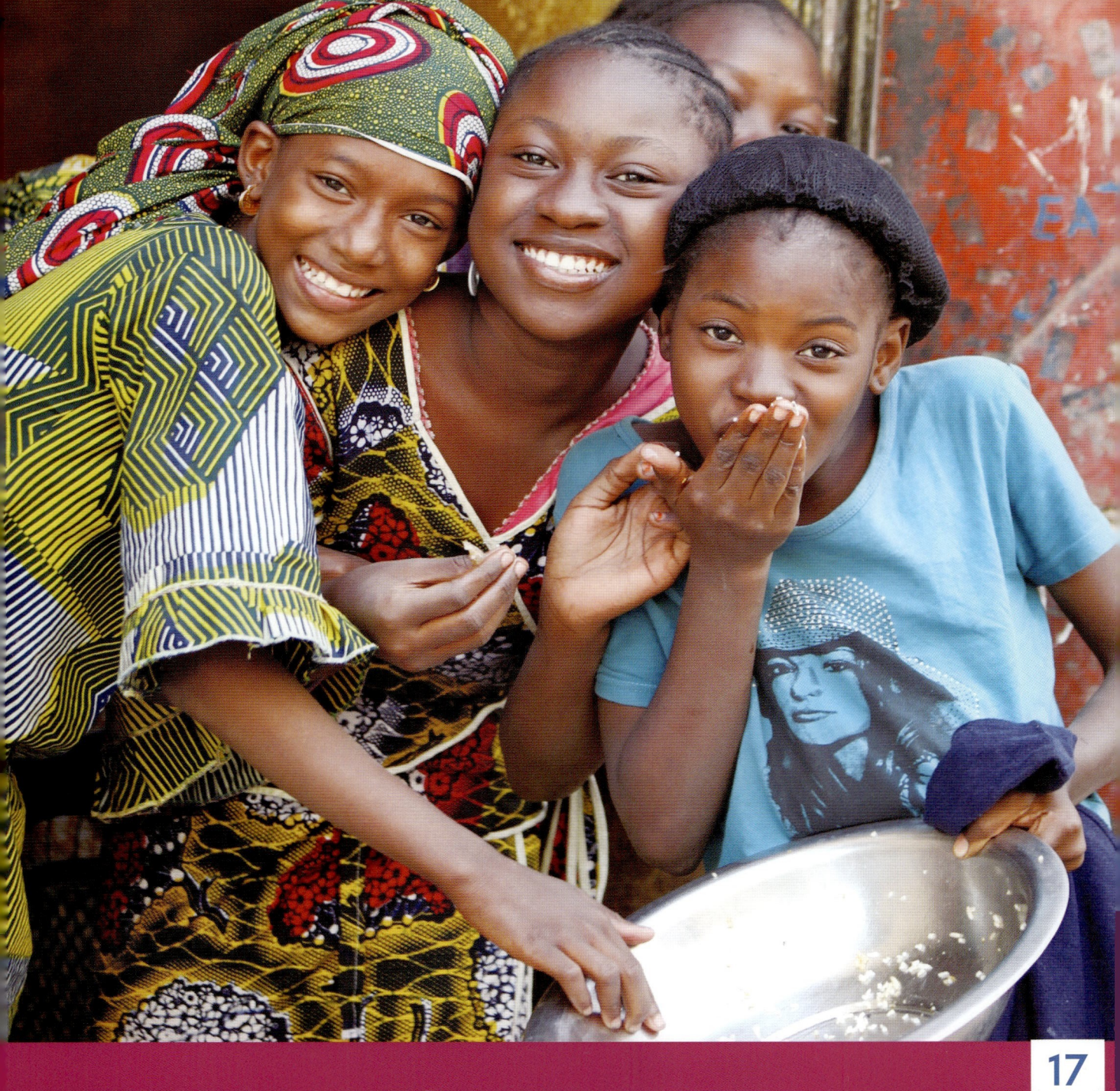

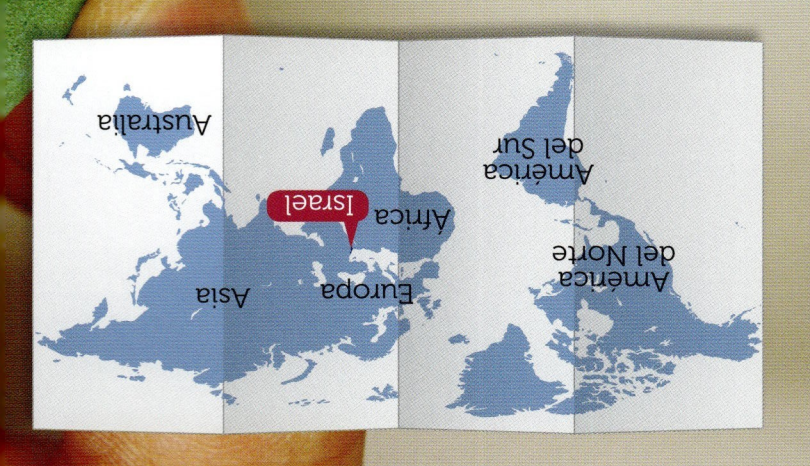

רתו עד
בְּמֹתוֹ לֹא כָּהֲתָה עֵינוֹ וְלֹא נָס
אֶת מֹשֶׁה בְּעַרְבֹת מוֹאָב
אָבֵל מֹשֶׁה וִירוּשָׁעַ בֵּן
יְמֵי בְכִי
אֶת יָדָיו עָלָיו
כִּי סָמַךְ מֹשֶׁה
חָכְמָה
יִשְׂרָאֵל וַיַּעֲשׂוּ כַּאֲשֶׁר צִוָּה יְהוָה
בְּעֵינֵי
קָם נָבִיא עוֹד בְּיִשְׂרָאֵל כְּמֹשֶׁה
לֹא
יְהוָה פָּנִים אֶל פָּנִים לְכֹל הָאֹתֹת
אֲשֶׁר שְׁלָחוֹ יְהוָה לַעֲשׂוֹת

Los niños en Israel hablan y leen hebreo. Su idioma se lee de derecha a izquierda.

Las escuelas son diferentes en cada estado de Estados Unidos. Algunos niños van a **escuelas públicas**, otros a **escuelas privadas** y otros son **educados en casa**.

¿Cómo es tu escuela?

Glosario fotográfico

autobuses biblioteca: grandes autobuses que llevan libros de la biblioteca a lugares donde no hay bibliotecas.

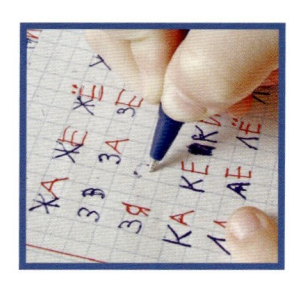

cirílico: un alfabeto usado para escribir muchos idiomas de Europa del Este y de Asia.

ecuador: una línea imaginaria alrededor del centro de la Tierra, que divide el hemisferio norte del hemisferio sur.

educados en casa: niños que reciben su educación en casa.

escuelas privadas: escuelas en las que los estudiantes deben pagar para asistir.

escuelas públicas: escuelas que ofrecen educación gratuita, pagada por el gobierno.

Índice analítico

Australianos: 8, 9
Brasil: 12, 13
China: 6, 7
Estados Unidos: 20, 21
Inglaterra: 4, 5
Irán: 10, 11
Israel: 18, 19
Kenia: 16, 17
Rusia: 14, 15

Demuestra lo que sabes

1. ¿Cuándo es verano en Brasil?
2. ¿Cuáles son los tres tipos de escuelas a las que podrías asistir en Estados Unidos?
3. Si quisieras ver niños jugando balonmano, ¿qué país visitarías?

Sitios web (páginas en inglés)

www.pbskids.org/sesame/games
http://projectbritain.com/education/break.html
www.learn4good.com/kids

Sobre la autora

J. Jean Robertson, también conocida como Bushka entre sus nietos y muchos otros niños, vive con su esposo en San Antonio, Florida. Se jubiló después de muchos años de enseñanza. Le encanta leer, escribir libros para niños y viajar. Ha viajado a varios países interesantes.

¡Conoce a la autora! (Página en inglés). www.meetREMauthors.com

© 2018 Rourke Educational Media

All rights reserved. No part of this book may be reproduced or utilized in any form or by any means, electronic or mechanical including photocopying, recording, or by any information storage and retrieval system without permission in writing from the publisher.

www.rourkeeducationalmedia.com

PHOTO CREDITS: Cover: © ranplett, Jaya Kumar; Title Page: © pixdeluxe; Page 3: © Susan Chiang; Page 4: © Yuri Arcurs; Page 5: © Sturti; Page 6: © XiXinXing; Page 7: © Monkey Business Images; Page 8: © Christopher Futcher; Page 9: © IPG GutenbergUKltd; Page 10: © Suryo; Page 11: © Jasmn Merdan; Page 12: © Sergio Zacchi; Page 13: © Pcphotography69; Page 14: © kouptsova; Page 15: © DLeonis; Page 16: © Britta Kasholm; Page 17: © Ferdinandreus; Page 18: © theiphotoman; Page 19: © MaestroBooks; Page 20: © Machine Headz; Page 21: © MiguelMalo

Editado por: Keli Sipperley
Diseño de tapa e interiores por: Tara Raymo
Traducción: Santiago Ochoa
Edición en español: Base Tres

Library of Congress PCN Data

Todo el mundo va a la escuela / J. Jean Robertson
(Un mundo pequeño para todos, en todas partes)
ISBN (soft cover - spanish) 978-1-64156-020-7
ISBN (e-Book - spanish) 978-1-64156-098-6
ISBN (hard cover - english)(alk. paper) 978-1-63430-359-0
ISBN (soft cover - english) 978-1-63430-459-7
ISBN (e-Book - english) 978-1-63430-556-3
Library of Congress Control Number: 2015931686

Printed in China, Printplus Limited, Guangdong Province